Anonymous

Pathologisch-anatomischer Atlas zur Klinik der Leberkrankheiten.

Zweites Heft

Anonymous

Pathologisch-anatomischer Atlas zur Klinik der Leberkrankheiten.
Zweites Heft

ISBN/EAN: 9783337736798

Hergestellt in Europa, USA, Kanada, Australien, Japan

Cover: Foto ©ninafisch / pixelio.de

Weitere Bücher finden Sie auf **www.hansebooks.com**

PATHOLOGISCH - ANATOMISCHER

𝔄tlas

ZUR

KLINIK DER LEBERKRANKHEITEN

VON

DR. FRIED. THEOD. FRERICHS,

ordentlichem Professor der medicinischen Klinik an der Königlichen Friedrich-Wilhelms-Universität,
Geheimem Medicinalrathe und vortragendem Rathe im Ministerio der geistlichen, Unterrichts- und Medicinal-Angelegenheiten in Berlin.

ZWEITES HEFT

ENTHALTEND

VIERZEHN SORGFÄLTIG COLORIRTE STAHLSTICH-TAFELN.

BRAUNSCHWEIG,

DRUCK UND VERLAG VON FRIEDRICH VIEWEG UND SOHN.

1 8 6 1.

ERKLÄRUNG DER KUPFERTAFELN.

Tafel I.

Hyperâmie, Entzündung, Abscessbildung der Leber.

Fig. 1. Hyperämie der Leber mit Bluterguss in dem Parenchym und unter der Kapsel.

Fig. 2. Diffuse und circumscripte Entzündung der Leber.

Die Schnittfläche des Organs ist blass gelbroth gefärbt, glänzend, ödematös; die in der Mitte röthlich, an den Rändern blassgelb gefärbten Läppchen sind von grauen Säumen umgeben, aus welchen Serum hervorquillt. In der Drüse zerstreut liegen blasse, über das Niveau der Umgebung sich erhebende Heerde, in welchen die blassen Läppchen grösser und deren Säume breiter sind, als in den übrigen Parthien der Drüse. Gegen die Mitte dieser Heerde bemerkt man ockerfarbige Anhäufungen von Gallenpigment; einer derselben ist blutig infiltrirt und enthält in der Mitte ein mit geronnenem Blut gefülltes Aestchen der Pfortader.

Fig. 3. Ein abgekapselter, in der Rückbildung begriffener Exsudatheerd der Leber; amyloide Degeneration von Leberzellen und Bindesubstanzkörperchen innerhalb desselben.

Man bemerkt an der Grenze des normalen Gewebes bei *a* einen Ast der Leberarterie, umgeben von der Scheide; daneben bei *f* ein kleineres Aestchen der Pfortader, welches in normaler Weise seine Capillaren zwischen stark pigmentirten Zellen vertheilt.

An die Arterie grenzt zunächst bei *b* eine breite Schicht unreifen Bindegewebes; mit länglich ovalen, zuweilen spindelförmigen, doch nirgend verästelten Bindesubstanzkörperchen. In dieser Schicht sieht man bei * in Reihen gelagert vereinzelte Leberzellen mit starkem hyalinen Glanz, in welchen weder Kern noch körniger Zelleninhalt sichtbar ist; sie färben sich in Jodlösung dunkelroth. Das gleiche Verhalten lassen die benachbarten Bindesubstanzkörperchen erkennen. Weiterhin verlieren die Gewebselemente diese Eigenschaft, die vereinzelten Leberzellen und Körperchen enthalten feine Körnchen und Tröpfchen.

Bei *c* werden die Letzteren grösser und zahlreicher, die Substanz bekommt dadurch ein trübes Aussehen.

Bei *d* werden die Bindesubstanzkörper unbestimmt, man erkennt jedoch auch hier noch die Contouren einzelner mit Fett gefüllter Leberzellen, sowie hier und da diejenigen der eingegangenen Gefässremificationen.

Fig. 4. Tyrosindrusen aus eingetrocknetem Harn von dem an diffuser Hepatitis gestorbenen Selinsky (Beobachtung Nr. 1).

Fig. 5. Kreatin aus demselben.

8

Tafel II.

Cirrhose der Leber. Granulationen in Folge von Fettablagerung.

Fig. 1. Durchschnitt einer cirrhotischen Leber in natürlicher Grösse.
Breite Bindegewebssäume sondern grössere und kleinere Gruppen der Läppchen, welche ihrerseits wieder durch schmälere Streifen geschieden sind, von einander. Die Oberfläche des Organs ist von höckeriger Beschaffenheit.

Fig. 2. Granulirte Oberfläche einer anderen cirrhotischen Leber. Die Grösse der Höcker schwankt von einem Mohnkorn bis zu einer Erbse; zwischen ihnen bemerkt man schwarz pigmentirte Gefässverästelungen.

Fig. 3. Ein Durchschnitt derselben Leber 8 Mal vergrössert. Die Pfortader ist roth injicirt, die feinen Verzweigungen der Leberarterie *a a* sind grösserntheils mit schwarzem Pigment ausgefüllt.

Fig. 4. Ein anderer Fall feinkörniger Cirrhose 8 Mal vergrössert; die Pfortader ist gelb, die Leberarterie blau, die Lebervene roth injicirt.
In den Bindegewebssäumen durch welche die Läppchengruppen von einander geschieden werden, bemerkt man ein langmaschiges, von der gewöhnlichen Vertheilung der Pfortader vollständig abweichendes Gefässnetz, welches von der Pfortader aus injicirt wurde; dazwischen verlaufen lang gestreckte Zweige der Art. hepatica. Die Lebervene ist streckenweise bis in ihre feinsten Capillaren injicirt, an vielen Stellen ist indess die Injectionsmasse extravasirt.

Fig. 5, 6 und 7. Lebergranulationen bedingt durch fettige Entartung des Organs.
Die mit Fett überfüllten Zellen der Portalzonen der Läppchen treten über das Niveau der Umgebung als Körnchen hervor.
Fig. 5 und 6 die Schnittfläche einer solchen Leber 8 Mal vergrössert. In Fig. 5 bemerkt man die roth injicirten Pfortaderzweige in der Mitte der gelben Hervorragungen, während die grün injicirten Lebervenen in den Vertiefungen sichtbar sind; bei der Cirrhose ist das Verhältniss umgekehrt.
In Fig. 7 übersieht man diese Verhältnisse vollständiger. Die gelben Pfortaderzweige liegen, begleitet von der mit blauer Masse gefüllten Leberarterie und umgeben von fettreichen Leberzellen, auf der Höhe der Granulationen; an den Grenzfurchen sieht man die rothen Zweige und Capillaren der Lebervenen umgeben von stark pigmentirten Zellen. Neubildung von Bindegewebe, durch welche die wahre Cirrhose sich auszeichnet, kommt hier in grösserem Maassstabe nicht vor.

Tafel III.

Lebercirrhose; die Veränderungen des Gefässapparats und die feineren Texturverhältnisse.

Fig. 1. Vorgeschrittene cirrhotische Entartung; die Pfortader roth, die Leberarterie gelb injicirt.

Die Leberläppchen sind durch breite Bindegewebssäume von einander geschieden, ein Theil derselben ist mehr oder minder vollständig untergegangen, während andere, gruppenweise gelagert, noch ziemlich gut erhalten blieben. Diese letzteren zeigen bei *a* noch den ursprünglichen Typus der capillaren Gefässvertheilung, welcher bei *b b* allmälig untergeht, um in den Bindegewebsstratis einem lang gestreckten Gefässnetz Platz zu machen. Man bemerkt neben den rothen Pfortaderästen zahlreiche und weite Zweige der gelben Leberarterie, von welchen die meisten bei *c* viel schwarzes Pigment enthalten. Dasselbe dunkle Pigment sieht man auch in einzelnen Leberläppchen als Residuen von Blutextravasaten, andere dagegen enthalten reichlich Gallenfarbstoff.

Fig. 2. Cirrhotische Degeneration höheren Grades. Die V. portarum ist gelb, die V. hepatica roth, die Art. hepatica blau injicirt.

Gruppen von drei, fünf und acht Leberläppchen sind von einander geschieden durch breite Bindegewebssäume, in welchen man Ueberreste untergehender Drüsensubstanz und ein reiches Blutgefässnetz erkennt. Das letztere besteht grösstentheils aus gestreckt verlaufenden, stark geschlängelten Gefässen, welche meistens von der Art. hepatica aus injicirt sind, in andere ist von der Pfortader her die Masse eingedrungen. An vielen Stellen enthalten die Aestchen der Leberarterie schwarzes Pigment. Dieser Gefässapparat ist wie das Bindegewebe, in welchem er liegt, dem grösseren Theile nach neu gebildet und unterscheidet von dem der normalen Leber zukommenden Vertheilung der Zweige und Capillaren wesentlich. Diese letztere ist nur da sichtbar, wo die Drüsensubstanz erhalten blieb; hier erkennt man die Gefässmaschen, welche die Leberzellen umspinnen und welche theils von der V. portarum, theils von der V. hepatica, an einzelnen Stellen auch von der Art. hepatica injicirt sind.

2

Fig. 3 und 4. Mikroskopische Analyse der Bindesubstanz einer cirrhotisch indurirten Leber. Fig. 3. Der verdickte Peritonealüberzug (a) besteht aus einem faserknorpelähnlichen Gewebe; die Grundsubstanz ist hyalin an feinen Schnittchen, an dickeren scheinbar faserig. Die Bindesubstanzkörperchen haben eine lang gezogene, elliptische, spindelartige Form; der Kern darin war nicht deutlich, an vielen Stellen enthielten sie Fetttropfen in grosser Anzahl. Die Körperchen liegen theils dicht gedrängt in gerader Linie oder in bogenförmiger Krümmung, theils sind sie durch breite Streifen hyaliner Grundsubstanz von einander geschieden.

Die Bindesubstanz im Bereich des früheren Drüsenparenchyms gleicht dem formlosen oder unreifen Bindegewebe; die Grundsubstanz ist granulirt, zuweilen undeutlich streifig, die Körperchen sind rundlich, oval oder elliptisch, die Kernkörperchen undeutlich.

Das Gewebe, welches die Scheide der Pfortaderäste e begleitet, besteht aus gallertartiger Bindesubstanz mit sternförmigen Körperchen. d die Gefässwand, f ein Nerv.

Fig. 4. Ein Theil des untergehenden Drüsengewebes mit den Ueberresten vereinzelter Leberzellen in dem formlosen Bindegewebe. Einige Capillaren sind von der Lebervene aus roth injicirt. Am Rande bemerkt man die Scheide eines Pfortaderzweiges mit einem Gallengunge a.

Tafel IV.

Feinkörnige Cirrhose mit fettiger Entartung; Induration der Leber, syphilitische Entzündung und Narbe.

Fig. 1. Feinkörnige Cirrhose. Um die fettig entarteten Leberläppchen gehen ziemlich breite Säume von Bindegewebe, in welchen ein grossmaschiges Gefässnetz liegt, meistentheils von der Pfortader aus gelb, stellenweise auch bei *a* von der Leberarterie aus blau injicirt; in die Drüsensubstanz ist die Injection nur spärlich eingedrungen, bloss an einer Stelle bei *b*, wo noch wohl erhaltene pigmentreiche Leberzellen sich finden, bemerkt man die normale Art der Capillarverästelung. Ebenso beobachtet man dieselbe da, wo die rothe Injectionsmasse in die Capillarität der Lebervenen bei *c* eindrang. . *d* Leberarterie mit Scheide.

Fig. 2 und 3. Induration der Leber.

Fig. 2. Die Oberfläche der Drüse zeigt breite hügelige Erhebungen, in Fig. 3 bei *b* starke knollige Protuberanzen. Von der Capsel her erstreckt sich in das Parenchym hier mehr, dort minder tief ein dichtes, festes Bindegewebe, in welchem regelmässig vertheilte braune Pünktchen die Ueberreste der früheren Drüsensubstanz andeuten. Dieses Bindegewebe, welches stellenweise auch inselförmig mitten im Parenchym gefunden wird, grenzt sich scharf gegen die umgebende normale Drüsensubstanz ab. Die Glisson'sche Capsel, wie sie die Aeste der Pfortader und die Gallenwege begleitet, ist ansehnlich verdickt, sie geht an einzelnen Stellen direct in die neu entstandene Bindesubstanz der indurirten Parthieen der Leber über.

Fig. 3. Ein anderer Theil derselben Leber. Die Oberfläche ist hier theils glatt und eben *a*, theils mit tiefen Einschnitten und knolligen Erhebungen bedeckt *b*; die Induration erstreckt sich am rechten Lappen von der Capsel aus nur 1 bis 2''' tief in das Parenchym, am linken dagegen durch die ganze Dicke der Drüse; hier bemerkt man stellenweise inselartige Reste unvollständig untergegangener Drüsensubstanz in der gleichmässig indurirten Masse. Die Gefässe, besonders aber die Gallengänge der verhärteten Stellen, sind erweitert, ähnlich den Bronchien der indurirten Lunge.

2*

Fig. 4.   Circumscripte gelblich weisse Infiltration aus der Leber eines Syphilitischen. Dieselbe
ist in der Peripherie, wo sie scharf gegen das umliegende blutreiche Gewebe sich
abgrenzt, von fester Beschaffenheit, und besteht hier aus langfaserigem Bindegewebe,
durchlagert von bröcklicher amorpher Masse, Kernbildungen und Fetttröpfchen (Fig. 5).
In der Mitte des Knotens liegen eingegangene Gefässverästelungen und neben den-
selben weiche gelbgrüne Stellen.   Hier erkennt man neben amorpher Detritus zahlreiche, theils gallig pigmentirte, theils fettig entartete Leberzellen (Fig. 6).
Fig. 7.   Eine feste, von der Oberfläche einen halben Zoll eindringende Narbe, ebenfalls aus
der Leber eines Syphilitischen; in derselben bemerkt man zahlreiche offene Gefäss-
lumina.

Tafel V.

Leberinduration höheren Grades; Pigmentbildung in den Gefässen, der Drüsensubstanz und dem Bindegewebe, veranlasst durch gestörte Circulation in Folge von partiellem Verschluss der Vv. hepaticae. Gelappte Leber.

Fig. 1. Indurirte Leber 40fach vergrössert. An der Oberfläche bemerkt man zunächst die stark verdickte Capsel mit lang gestreckten Bindesubstanzkörperchen, in welche auffallender Weise nirgend die Injectionsmasse eindrang. Unter ihr liegt an der Stelle der Drüsensubstanz ein formloses Bindegewebe mit zahlreichen Gefässverästelungen und an manchen Stellen Residuen der untergegangenen Drüsenmasse umschliessend; in der Mitte liegt ein Pfortaderzweig, begleitet von mehren Aesten der Leberarterie, von Nervensträngen und einem weiten Gallengange, eingehüllt von einer dicken Scheide gallertartiger Bindesubstanz. Die Gefässe der indurirten Drüse, welche grösserntheils von der Pfortader roth, zum Theil auch von der Leberarterie gelb injicirt wurden, bilden fast überall lang gestreckte grosse Maschen, nur da, wo noch Ueberreste der Drüsenzellen sichtbar sind, treten Andeutungen der gewöhnlichen Capillarvertheilung hervor. Die meisten Gefässe beweisen durch die Art ihres Verlaufs, dem Zuge des Bindegewebes folgend, dass sie neu entstanden sind.

Fig. 2, 3 und 4 verschiedene Stellen derselben Leber 3 Mal vergrössert.
    Fig. 2 zeigt Bindegewebe mit langgestrecktem Gefässnetz, nur am Rande sind Rudimente der ursprünglichen Capillarität injicirt.
    In Fig. 3 bemerkt man braun gefärbte runde Ueberreste des Drüsengewebes neben weiteren Aesten der Arterie und Pfortader.
    In Fig. 4 sind diese Ueberreste viel zahlreicher, hier sind sie jedoch durch extravasirtes Blutroth theils blau, theils roth gefärbt.

Fig. 5 und 6 zeigen die Vertheilung des Pigments genauer. In Fig. 5 bemerkt man das Bindegewebe und die Drüsensubstanz mit wenig verändertem Blutroth durchtränkt; in Fig. 6 werden weitere Metamorphosen desselben sichtbar; die Gefässe, zum Theil auch die Leberzellen, sind mit braunem oder schwarzem Pigment gefüllt, in einigen Drüsenläppchen sieht man ockergelben Gallenfarbstoff.

Fig. 7. Gelappte Leber. Von der Capsel her gehen Streifen von Bindegewebe in die Lebersubstanz hinein, einzelne Läppchen, gewöhnlich grössere Gruppen derselben von einander sondernd. Auf der Schnittfläche bemerkt man in ihrer Scheide eingehüllt die Pfortader (roth) und die Leberarterie (gelb) nebst zwei Gallengängen.

Tafel VI.

Telangiectasie der Leber.

Fig. 1. Rechter Leberlappen mit einer keilförmig von der Oberfläche in das Parenchym eindringenden, scharf begrenzten Telangiectasie; natürliche Grösse.

Fig. 2. Durchschnitt einer solchen Geschwulst bei 50facher Vergrösserung; die Pfortader ist roth injicirt.

Man erkennt am Rande der Telangiectasie bei *a* grössere Strecken unreifen Bindegewebes, in welchem hier und da Ueberreste bräunlich gefärbten Leberparenchyms sichtbar sind. Dieses Bindegewebe löst sich gegen die Neubildung hin in ein vielfach verzweigtes Netz eines hier breiteren, dort schmäleren Balkengerüstes auf, durch welches Maschen gebildet werden, welche mit coagulirtem Blut gefüllt sind. Die letzteren stellen sich bald als schmale Streifen, bald als grössere theils runde oder ovale, theils unregelmässig gestaltete Hohlräume dar; in die meisten derselben ist die Injectionsmasse von der Pfortader aus eingedrungen und hat in der Nähe der Wandung das Blutcoagulum zur Seite gedrängt. Mitten unter diesen Hohlräumen bemerkt man inselförmige Ueberreste fetthaltigen Leberparenchyms.

Fig. 3. Durchschnitt einer anderen Form von Telangiectasie der Leber. Die Arteria hepatica ist roth injicirt.

Das umgebende Leberparenchym ist verfettet; die mit Blutcoagulum gefüllten Hohlräume treten in der Nähe der grösseren Geschwulst auch vereinzelt auf, jedes Mal umgeben von einem Bindegewebssaume. In der grösseren Neubildung erscheinen die Maschenräume gleichartiger als in Fig. 2; die Trabekeln sind schmäler, ihre Capillaren wurden von der Art. hepat. aus roth injicirt. In der Mitte bemerkt man eine runde compacte Bindegewebsmasse mit eigenthümlichen, an Gefässverästelungen erinnernden Figuren.

Fig. 4. Zwei Telangiectasien, welche unmittelbar auf der Wand der Vena hepatica liegen; die Art. hepat. ist roth injicirt; die Injectionsmasse ging in Vasa vasorum und in die Trabekeln der Geschwulst über.

Fig. 5. Ein Theil dieser Telangiectasie an ihrer Grenze gegen die Leber zu.

Fig. 6. Ein anderer, das Verhalten der Neubildung gegen die benachbarte Gefässwand zeigend; beide bei 50facher Vergrösserung.

15

Tafel VII. *)

Carcinom der Leber.

Fig. 1. Carcinom der Leber mit krebsiger Infiltration der Glisson'schen Capsel in der Umgebung der Pfortader.
Die Aeste der V. portarum sowie die Gallenwege gehen ohne Beeinträchtigung ihrer Lichtung durch die Krebsmasse hindurch.

Fig. 2. Atrophirender Krebs.
Die Oberfläche des Carcinoms ist narbig eingezogen; die Gefässe der Capsel, besonders die venösen, sind erweitert; der Krebs ist mit erbsengrossen grauen Knötchen bedeckt.

Fig. 3. Ein Theil des Carcinoms Fig. 1 achtmal vergrössert; die V. port. ist gelb, die V. hepat. roth injicirt. Man bemerkt von beiden nur einzelne Aeste in der grauen Krebsmasse.

Fig. 4. Mikroskopisches Bild desselben Carcinoms.
In der Mitte der Neubildung bemerkt man die stark verdickte Glisson'sche Capsel mit sternförmigen Bindegewebszellen. Sie umschliesst gelb injicirte Aeste der Pfortader, Gallengänge, Nerven und eine blau injicirte Arterie. In weiterer Umgebung der Capsel verbreitet sich die Krebsmasse auf das Leberparenchym; die Zellen der Drüsensubstanz gehen allmälig unter, von der Peripherie der Läppchen aus durch wuchernde Krebsmasse verdrängt. Am rechten oberen Rande des Präparats ist noch normales Drüsengewebe sichtbar; hier zeigt die Injection von Pfortader und Lebervenen noch die normale Capillarvertheilung, von welcher in dem Carcinom selbst nichts mehr zu bemerken ist.

*) Im Capitel II, wuchsartige Degeneration der Leber, ist Taf. VII irrthümlich statt Tafel X citirt, mithin ist letztere statt ersterer einzusehen.

Tafel VIII.

Carcinom der Leber.

Fig. 1. Grosses, in Erweichung begriffenes Carcinom. Die V. port. ist gelb, die V. hepat. roth, die Arter hep. blau injicirt.

Man bemerkt zahlreiche rundliche und ovale Maschenräume, gefüllt mit Krebszellen, welche fettig zerfallen. Die Zwischenwände, durch welche die Hohlräume von einander geschieden werden, bestehen theils aus Bindegewebe, theils aber aus schmäleren oder breiteren Streifen von übrig gebliebenen Leberzellen (b). In den Bindegewebsstreifen verlaufen zahlreiche Aeste der blau injicirten Art. hepat., die Injectionsmasse ist bis in das Innere der Hohlräume vorgedrungen und hier vielfach extravasirt: Capillaren der gelb injicirten V. port. bemerkt nun nur da, wo Leberzellen übrig blieben, ebenso auch die mit rother Masse gefüllten Aestchen der Vv. hepat.

Fig. 2. Ein Stück derselben Leber bei 8maliger Vergrösserung.

Man bemerkt im oberen Theil der Zeichnung die beginnende Infiltration. Zwischen inselförmigen Ueberresten des Leberparenchyms erkennt man breite graue Säume, welche der Peripherie der Läppchen entsprechen und zahlreiche grössere Aestchen der Pfortader (roth), sowie der Leberarterie (gelb) enthalten. Dieselben bläulich grauen Säume bleiben auch noch da sichtbar, wo das Leberparenchym vollständig verschwunden und durch grauweisse Krebsmasse ersetzt ist. Es erscheint dasselbe Bindegewebsgerüst in dem Krebse wie in der normalen Lebersubstanz. Da wo von den Leberzellen die letzten Spuren verschwunden sind, verlieren sich auch die injicirbaren Pfortaderäste, während stärkere Zweige der Art. hepat. sichtbar werden. An einer Stelle ist die gelbe Injectionsmasse in einen mit weicher Krebssubstanz gefüllten Hohlraum extravasirt.

Fig. 3. Hämorrhagisches Carcinom.

Man erkennt in dem Krebsknoten zahlreiche, durch weissliche Septa von einander geschiedene Blutextravasate; in der Krebssubstanz zeigen sich Aestchen der roth injicirten Art. hepat.; von letzteren aus ist neben dem Carcinom ein Theil der Pfortaderäste injicirt.

17

Tafel IX.
Carcinom der Leber.

Fig. 1. Markschwamm der Leber, welcher die Lebercapsel durchbrach und durch Blutung in die Bauchhöhle gelangte.

Fig. 2. Cystocarcinom der Leber, entstanden nach der Exstirpation eines Epithelialkrebses der Ferse.

Fig. 3. Carcinoma haematodes und melanodes. Die Art. hepatica ist roth injicirt; man erkennt zahlreiche Aeste derselben innerhalb des Krebsknotens.

Fig. 4. Carcinom der Gallenwege. Die Schleimhaut des Ductus hepaticus ist mit zahlreichen flachen Krebsknoten bedeckt.

3

Tafel X.

Wachsartige, speckige oder amyloide Degeneration der Leber.

Fig. 1. Durchschnittsfläche einer Wachsleber mit Fettablagerung in der Nähe der Pfortader-äste.

Fig. 2. Ein Stück derselben Leber bei 8facher Vergrösserung; die Pfortader ist roth injicirt.

Fig. 3. Ein Stück einer anderen Wachsleber; die Pfortader roth, die Lebervenen grün injicirt; bei 8facher Vergrösserung. Die Capillaren beider Gefässgebiete sind gut gefüllt; die Umgebung der Lebervenen erscheint blassgelb, die der Pfortader bräunlich gefärbt.

Fig. 4. Ein feiner Schnitt derselben Leber 150fach vergrössert und mit Jodlösung befeuchtet. Die rothe Färbung der Wachsstoffe verbreitet sich über den ganzen Bezirk des Läppchens, nur erscheint dieselbe neben der Lebervene stärker, hier ist auch in einzelnen Zellen ein reiches Depot von Fetttröpfchen zu erkennen.

Fig. 5. Ein Stück einer anderen Wachsleber mit Jodsolution befeuchtet; man erkennt eine inselförmige Ablagerung der Wachsstoffe in der Leber.

Fig. 6. Rundliche und ovale graue Körper in der cirrhotischen Wachsleber eines Syphilitischen. Lymphatische Neubildungen.

Fig. 7. Eine Gruppe von Leberzellen, an welchen die allmälig vorschreitende Veränderung der Zellen bei der Ablagerung der Amyloidstoffe sich verfolgen lässt.

      a eine Zelle mit geschwollenem Kern;

      b gleichmässige Ausfüllung der vergrösserten Zellen, der Kern ist nicht mehr sichtbar;

      c zertrümmerte Zellenreste.

Fig. 8. Farbenveränderung der Zellen bei Zusatz von Jodsolution.

Fig. 9. Dieselbe bei Zusatz von Jodlösung und Schwefelsäure.

Fig. 10. Ein festes Aggregat von Leberzellen mit Jodsolution gefärbt.

Fig. 11. Eine Gruppe Zellen mit einem degenerirten Gefässästchen.

      Vergleiche ausserdem Taf. I, Fig. 3.

Tafel XI.

Echinococcus der Leber, Distoma hepaticum, Pentastoma denticulatum, Alveolarkrebs und vielfächeriger Echinococcus.

Fig. 1. Ein kleiner über den Rand der Leber prominirender Echinococcussack.

Fig. 2. Derselbe bei 12facher Vergrösserung. Man erkennt auf der innern Fläche der geschichteten Hülle (*a*) zahlreiche pilzähnliche, dicht gedrängt stehende Scoleces *b*. Nach Aussen ist diese Hülle von der Lebercapsel *c* bedeckt; gegen die Drüsensubstanz hin, deren Läppchen hier abgeplattet und durch Faserzüge von einander geschieden sind, ist sie begrenzt durch eine mässig dicke Bindegewebsschicht.

Fig. 3. Begrenzungsschicht einer vereiterten, in die rechte Lunge perforirten Echinococcuscolonie der Leber; die Pfortader ist roth, die Arterie gelb injicirt. Die Capsel, welche das Leberparenchym gegen den Echinococcus abgrenzt, besteht theils aus unreifem, theils aus Bindegewebe mit sternförmigen Körperchen, welche letzteren in rundliche Gruppen vereinigt stehen. Die Membran empfängt von der V. port., besonders aber von der Art. hepat. zahlreiche Aeste. Die anliegenden Leberläppchen sind abgeplattet, die entfernteren vollkommen normal. Die Aeste der Arteria hepatica enthalten viel schwarzes Pigment.

Fig. 4. Isolirte Häkchen des Hakenkranzes.

Fig. 5. Grössere und kleinere Echinococcusblasen.

Fig. 6. Schichtung der Membran.

Fig. 7. Vielfächeriger Echinococcus nach dem Präparate von Luschka gezeichnet.

Fig. 8. Distoma hepaticum nach Küchenmeister.

Fig. 9. Pentastoma denticulatum.

Fig. 10. Alveolarkrebs der Leber. *a* seröser Ueberzug der Oberfläche, *b* untere Fläche, *c* die Neubildung an der Oberfläche der Leber emporwuchernd.

Tafel XII.

Krankheiten der Pfortader.

Fig. 1. Phlebitis lienalis und Pylephlebitis.

Ein Milzabscess *a* bahnte sich einen Weg in die V. lienalis, welche mit braunrother Thrombusmasse und gelbem eitrigen Fluidum erfüllt ist; ein konisch abgerundetes Gerinnsel erstreckt sich bis zur V. portarum *b*; die innere Auskleidung der V. lien. ist schmutzig gelb gefärbt; *d* Pancreas, *e* Ven. mesaraica, † Milzparenchym, ✳ Milzabscess. Die Aeste der V. port. in der Leber waren theils mit Eiter, theils mit festem Blutgerinnsel gefüllt. Vergl. Taf. XIII, Fig. 2.

Fig. 2. Obliteration der Pfortader.

Eine Sonde ist durch die verengte, mit fester Thrombusmasse gefüllte Stelle des Gefässes geführt, neben derselben liegt der offene D. choledochus. Im Magen bemerkt man vier Varices von dunkelblauer Farbe (*a*).

Fig. 3. Fettige Entartung der Pfortaderwandungen.

Man bemerkt auf der Innenfläche des Gefässrohres gelbe Flecken; das Gefäss selbst ist oben von einem sich weithin erstreckenden Blutextravasate umgeben, unten bemerkt man Theile des verfetteten Pancreas.

Fig. 4. Adhäsive Pylephlebitis.

Ein Ast der Pfortader ist vollständig obliterirt; die Leber erscheint hier narbig eingezogen.

Tafel XIII.

Krankheiten der Vena hepatica.

Fig. 1. Metastatische Eiterheerde der Leber.

Man erkennt in den von einem schwürzlichen Saume und grauer Begrenzungsschicht umgebenen Heerden noch die Läppchen der Leber, welche in der Mitte gelb und weich sind, während die Ränder eine dunkle Farbe zeigen. Da, wo die Abscesse die Wand der geöffneten V. hepatica berühren, scheint der Eiter durch die Gefässhäute hindurch; an einer anderen Stelle ist dieselbe rauh und mit einer dünnen Fibrinschicht bedeckt.

Fig. 2. Entzündung der Pfortader.

Die durchschnittenen Aeste der Pfortader sind theils mit dunklen Blutgerinnseln, theils mit gelbem Eiter gefüllt. Vergl. Taf. XII, Fig. 1.

Fig. 3. Mehre Leberabscesse mit stark injicirter Umgebung; ein Ast der V. hepatica mit festem Gerinnsel gefüllt.

Fig. 4. Eine entzündete V. hepatica mit stellenweise stark verdickter Scheide; im Innern des Gefässrohres bemerkt man theils graugelbe, theils dunkle fest angelöthete Auflagerungen.

Fig. 5. Eine obliterirte V. hepatica mit gleichmässig verdickter Wandung. Auf der inneren Gefässhaut sieht man graugelbe Auflagerungen. Der Stamm der V. cava inferior a ist durch Bindegewebsbrücken gefaltet und zeigt ebenfalls graue Auflagerungen.

3*

Tafel XIV.

Concremente.

Fig. 1, 2 und 3. Gallenfarbstoff aus Chloroform krystallisirt.
    Fig. 1. Prismen.
    Fig. 2. Blättchen.
    Fig. 3. Nadeln.
Fig. 4. Gallenbraun in Nadeln krystallisirt, vermengt mit Epithel der Gallenblase.
Fig. 5. Kohlensaurer Kalk von der Schleimhaut der Gallenblase, verschiedene Krystallformen.
Fig. 6. Perlartige Gallensteinchen.
Fig. 7. Strahliger Cholesterinstein mit Kalkschale.
Fig. 8. Drusiger Cholesterinstein mit krystallinischer kohlensaurer Kalkerde bedeckt.
Fig. 9. Grosses Concrement mit einem strahligen Kern von Cholesterin und geschichteter Schale, bestehend aus einer Verbindung von Farbstoff und Kalkerde. Der Stein veranlasste durch Verstopfung des Dünndarms den Tod.
Fig. 10. Reiner Cholesterinstein von krystallinisch blätterigem Gefüge.
Fig. 11. Strahlige Bruchfläche desselben Steines mit braun pigmentirtem Kern.
Fig 12. Cholesterinstein mit zerklüftetem Kern, strahligem Gefüge und mehrfach geschichteter Rinde.
Fig. 13. Reiner strahliger Cholesterinstein ohne Kern.
Fig. 14. Brauner plattenförmiger Stein mit amorpher Bruchfläche.
Fig. 15. Kantiger weisser Cholesterinstein mit schwarzem Pigmentniederschlag an den Ecken und Kanten.
Fig. 16. Maulbeerförmiger schwarzer Pigmentstein.
Fig. 17. Braunrother Maulbeerstein mit strahligem Bau der Drusen.
Fig. 18. Weisser Maulbeerstein mit pigmentirtem Kern.
Fig. 19. Polyëdrischer Cholesterinstein mit angeätzten Ecken und Kanten.
Fig. 20. Grünbrauner polyëdrischer Stein mit tiefer Anätzung und Blosslegung der braunrothen Schichten. Die beiden letzten Figuren erläutern das Zerfallen der Gallensteine innerhalb der Blase.

III

I

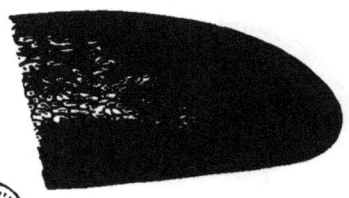

II

V

V

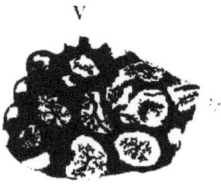

II

VI

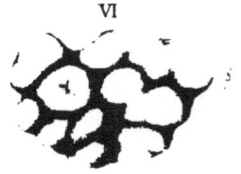

I

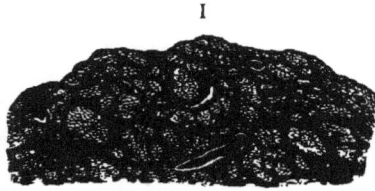

VII

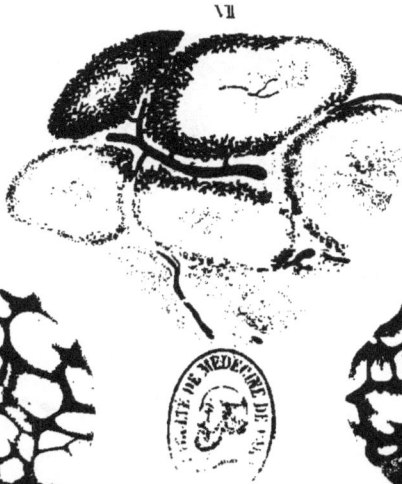

III

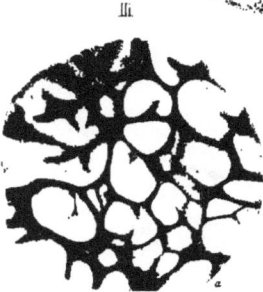

IV

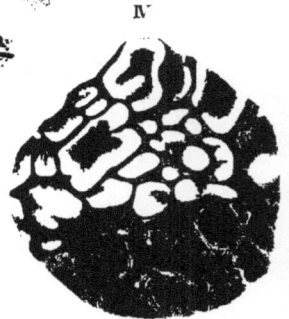

I

II

IV

II

Taf. IV.

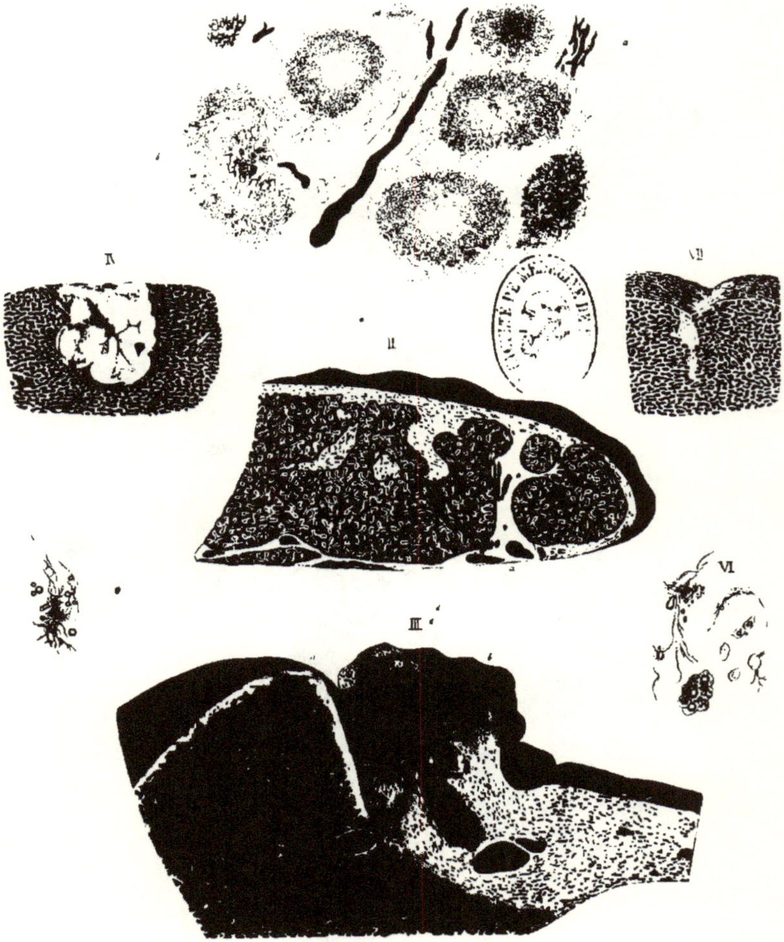

Lith. Farbendr. u Colorirt v. [illegible]

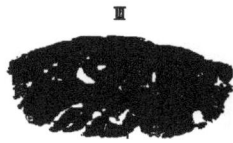

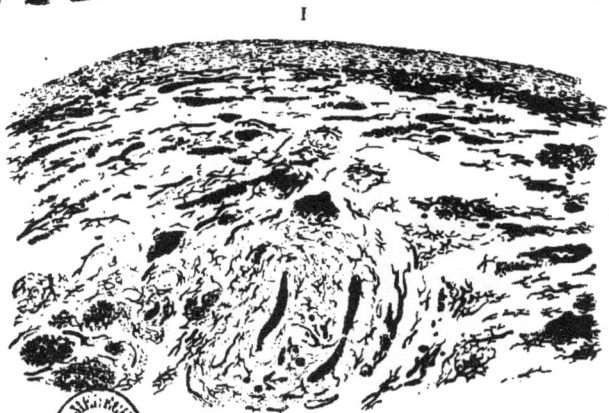

II   III   IV

I

V   VII   VI

A. Assmann ad nat. enz.   Stich Farbendr u Colorit v H Bruch München

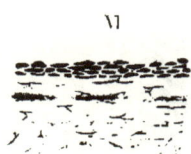

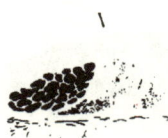

I

II

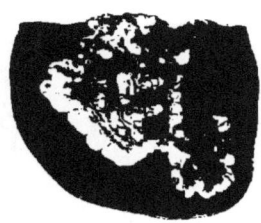

III

IV

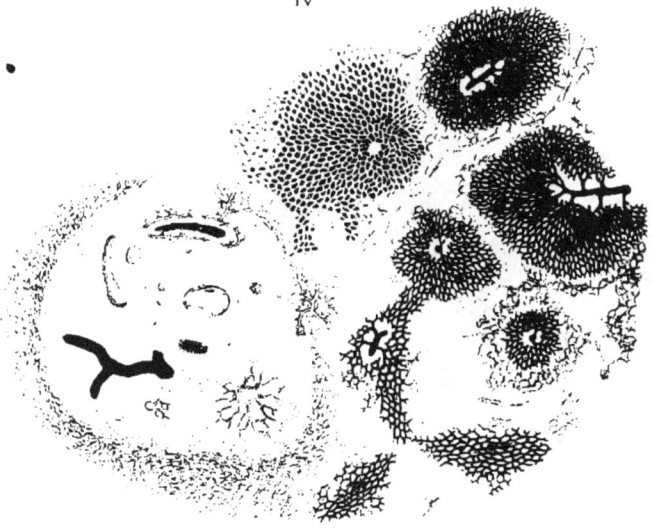

I

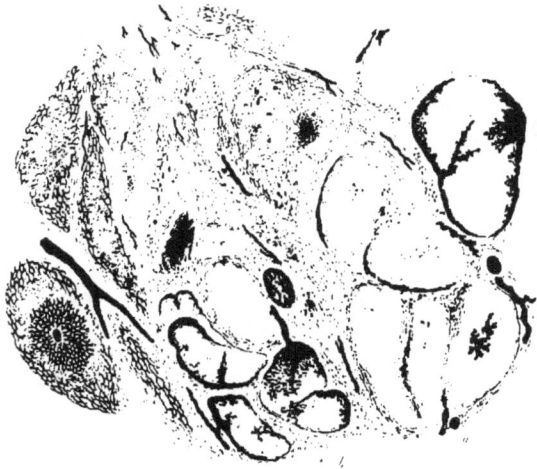

III

II

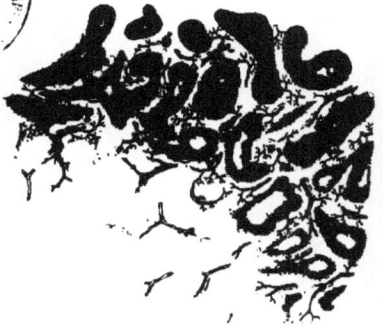

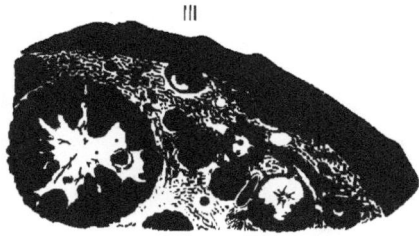
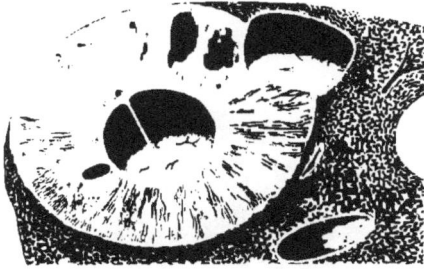

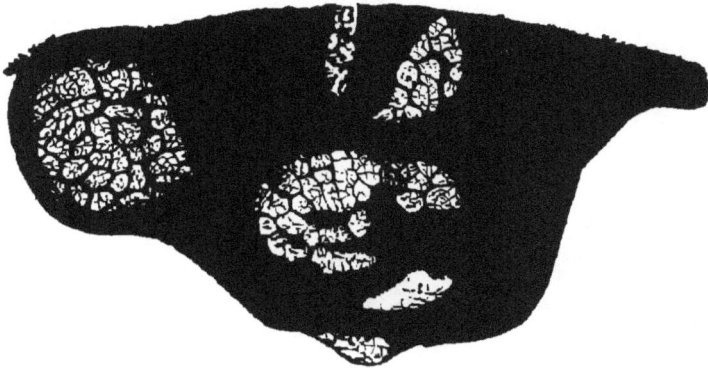

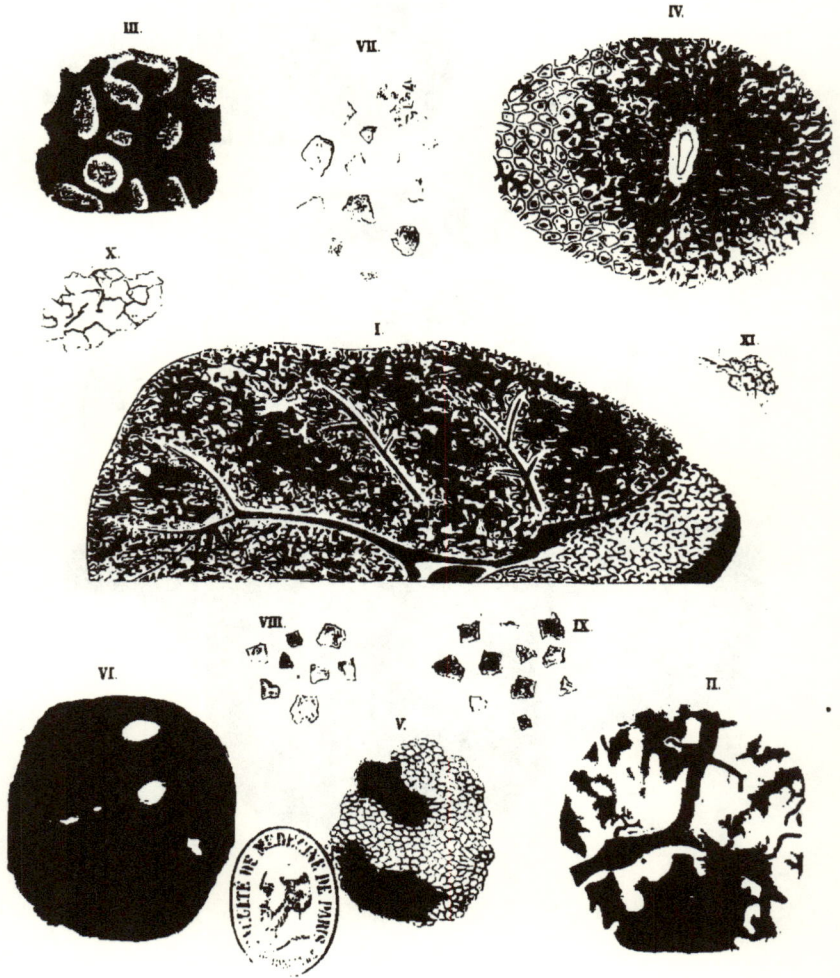

Taf. X.

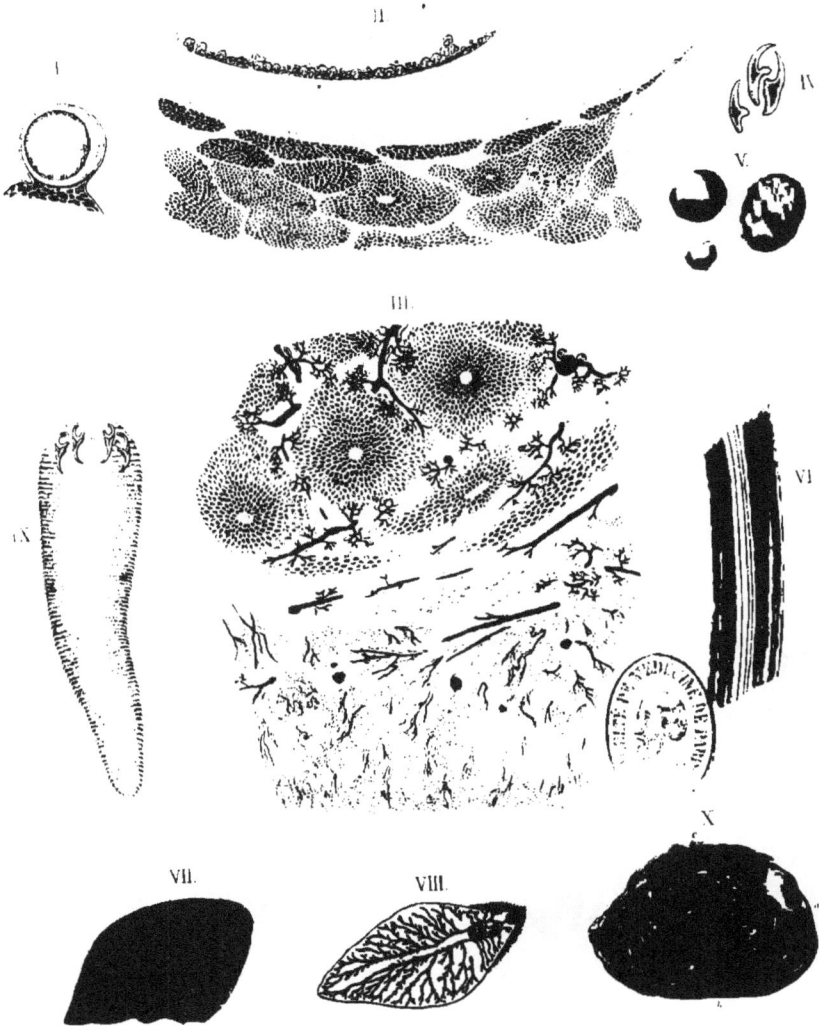

Taf. XI

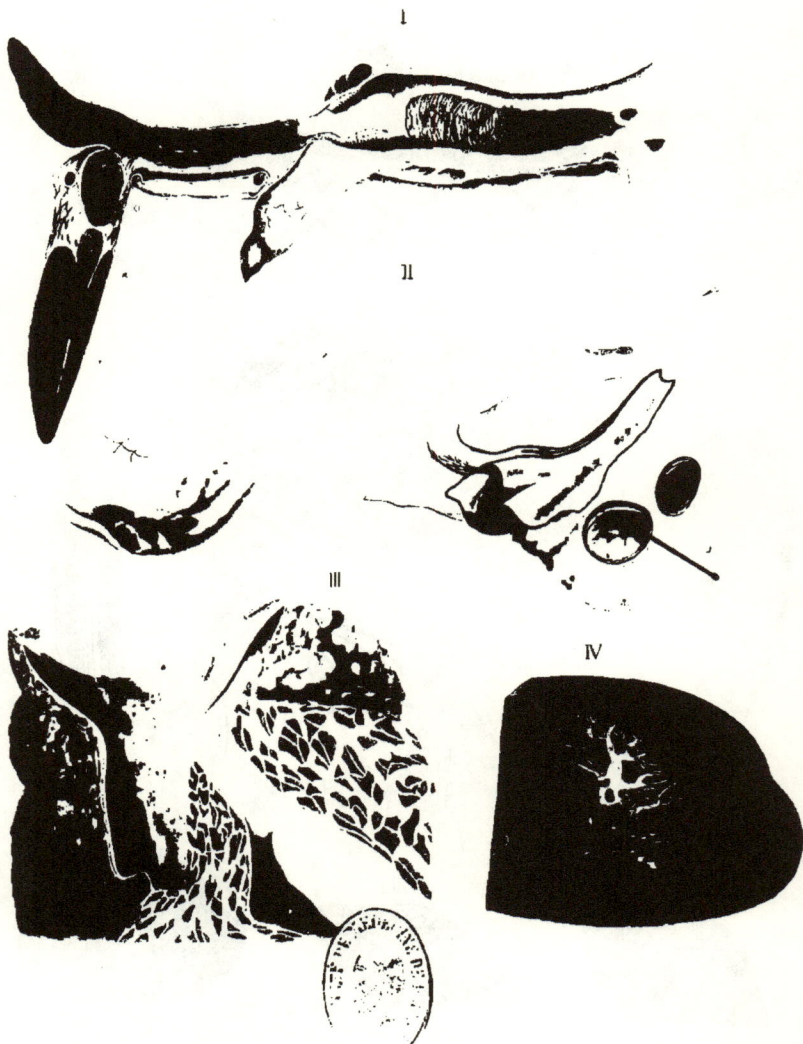

I

II

III

IV

I

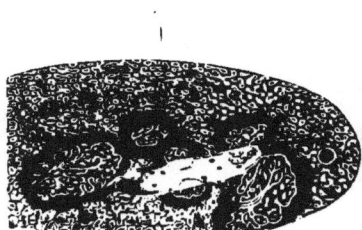

II

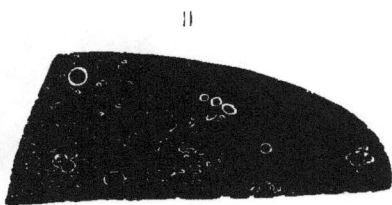

III

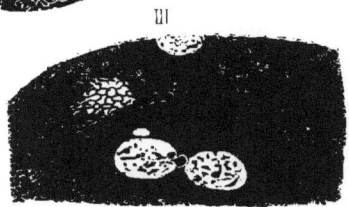

IV

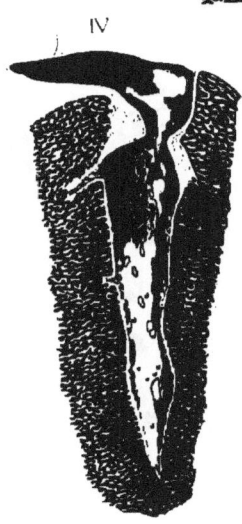

V

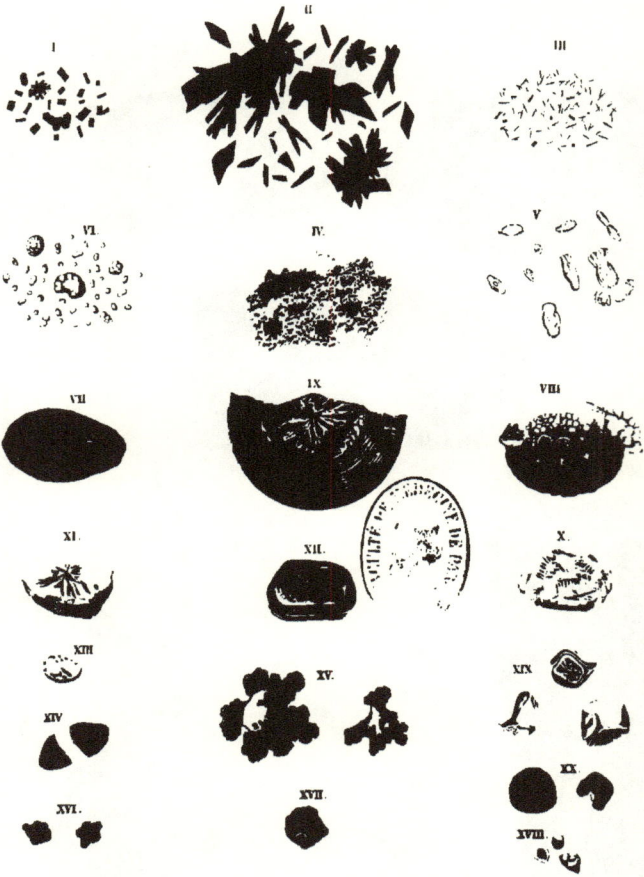

A. Ackermann ad nat. pinx.   Stich caesondir , Colorit v. H. Bruch München